Reconstruir el cuerpo

John-Michael Seeber

☀ Smithsonian

Autora contribuyente

Heather Schultz, M.A.

Asesoras

Dra. Katherine Ott
Curadora, División de Medicina y Ciencias
National Museum of American History

Tamieka Grizzle, Ed.D.
Instructora de laboratorio de CTIM de K-5
Escuela primaria Harmony Leland

Stephanie Anastasopoulos, M.Ed.
TOSA, Integración de CTRIAM
Distrito Escolar de Solana Beach

Créditos de publicación

Rachelle Cracchiolo, M.S.Ed., *Editora*
Diana Kenney, M.A.Ed., NBCT, *Realizadora de la serie*
Véronique Bos, *Directora creativa*
Caroline Gasca, *M.S.Ed., Gerenta general de contenido*
Smithsonian Science Education Center

Créditos de imágenes: contraportada, pág.16 (derecha), pág.31 © Smithsonian; pág.4 (todas) Timothy J. Bradley; pág.5 Marwan Naamani/AFP/Getty Images; pág.6 (todas) dominio público a través de BIU Santé/Université Paris Descartes; pág.7 Art Media Heritage Images/Newscom; pág.8 Mikkel Juul Jensen/Science Source; pág.9 (superior, izquierda) Trevor Williams/Getty Images; pág.9 (superior, derecha) Brandi Simons/Getty Images; pág.9 (inferior) Jacopin/Science Source; pág.10 Aude Guerrucci/ABACAUSA/Newscom; pág.11 (superior) The Lighthouse/ Science Source; pág.11 (inferior) Amélie Benoist/Science Source; pág.12 (izquierda) Rick Davis/ Newscom; pág.14 Jerod Harris/WireImage/Getty Images; pág.16 (izquierda) Brian Snyder/ Reuters/Newscom; pág.17 LTH NHS Trust/Science Source; pág.18 Jo McCulty/The Ohio State University; págs.22–23 (todas), pág.26 Philippe Psaila/Science Source; págs.24–25 (todas) cortesía de Visioncare, Inc.; pág.27 (todas) Massimo Brega/ The Lighthouse/Science Source; todas las demás imágenes cortesía de iStock y/o Shutterstock.

Library of Congress Cataloging-in-Publication Data

Names: Seeber, John-Michael, author.
Title: Reconstruir el cuerpo / John-Michael Seeber.
Other titles: Rebuilding the body.
Description: Huntington Beach : Teacher Created Materials, 2022. | Includes index. | Audience: Grades 4-6 | Summary: "Long ago, wooden legs and hooks replaced lost limbs. Today, prostheses and bionics can do many of the things natural limbs can do. Learn about inventions from the past and present that have been used to rebuild the body when parts of the natural body no longer work"-- Provided by publisher.
Identifiers: LCCN 2021044086 (print) | LCCN 2021044087 (ebook) | ISBN 9781087643700 (paperback) | ISBN 9781087644172 (epub)
Subjects: LCSH: Prosthesis--Technological innovations--Juvenile literature. | Human body--Technological innovations--Juvenile literature.
Classification: LCC RD130 .S4413 2022 (print) | LCC RD130 (ebook) | DDC 617.9--dc23/eng/20211027
LC record available at https://lccn.loc.gov/2021044086
LC ebook record available at https://lccn.loc.gov/2021044087

Teacher Created Materials

5301 Oceanus Drive
Huntington Beach, CA 92649-1030
www.tcmpub.com
ISBN 978-1-0876-4370-0
©2022 Teacher Created Materials, Inc.

Contenido

Una idea antigua con tecnología nueva............ 4

Dar una mano...................................... 6

Un joven maravilla...............................10

No camines, corre 14

Filtrar sonidos....................................18

Recuperar la visión............................... 22

Poderes de superhéroes........................... 26

Desafío de CTIAM................................. 28

Glosario.. 30

Índice.. 31

Consejos profesionales........................... 32

Una idea antigua con tecnología nueva

Hace cinco mil años, una mujer caminaba entre una multitud. Se destacaba porque medía dos metros (seis pies) de altura, pero eso no era lo único que llamaba la atención. Si la mirabas a la cara, podías pensar que tenía poderes especiales. Parecía que había fuego o un pequeño sol brillando en su ojo izquierdo. Esa mujer tenía el ojo **postizo** más antiguo que se conozca, un trozo redondo de brea bañado en oro.

Las **prótesis** son partes del cuerpo artificiales. Desde tiempos antiguos, las personas han buscado maneras de reemplazar las partes del cuerpo lastimadas o perdidas. Un pedazo de madera tallada reemplazaba una pierna. Un garfio se usaba para reemplazar una mano. En la actualidad, los científicos y los ingenieros construyen prótesis mejores. Los investigadores están encontrando nuevas formas de enviar señales desde el cerebro hasta una prótesis y viceversa. Hoy en día, se puede pelar una fruta o escribir una carta con una mano artificial. La tecnología puede ayudar a las personas a dejar su silla de ruedas y escalar montañas. Hay quienes se esfuerzan mucho para crear todas esas cosas. Siguen trabajando para transformar los problemas en soluciones.

ojo postizo

Esta ilustración muestra a una mujer de 2850 a. C. aproximadamente, con un ojo postizo.

4

Los científicos encontraron una momia con el dedo gordo de un pie hecho de cuero y madera.

Dar una mano

La mano humana es compleja. Tiene la fuerza suficiente para levantar objetos pesados y la delicadeza necesaria para recoger flores. Cientos de años atrás, alguien sin mano tal vez habría usado un garfio, si podía pagarlo. Los primeros ingenieros se enfrentaron a muchos problemas al tratar de reemplazar piernas o brazos.

Se usaron muchas habilidades diferentes para resolver esos problemas. Ambroise Paré era un barbero y cirujano del ejército francés en la década de 1530. Cuando los soldados se lastimaban las manos, las piernas o los brazos, las heridas podían infectarse. A veces, Paré tenía que **amputar** la parte del cuerpo herida.

Paré comenzó a hacer manos artificiales para ayudar a las personas con miembros amputados. Quería hacer una mano que pudiera sostener cosas. Inventó la primera mano mecánica. La llamó *Le Petit Lorrain*. Funcionaba con engranajes de metal y resortes. Un capitán francés la usó en el campo de batalla. Dijo que le ayudó a sujetar las riendas de su caballo. Paré también diseñó una pierna postiza que se doblaba a la altura de la rodilla. Muchas personas lo llaman el Padre de la **Ortopedia**.

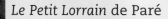

Le Petit Lorrain de Paré

pierna postiza creada por Paré

Esta ilustración muestra a Ambroise Paré haciendo una cirugía.

TECNOLOGÍA

Las grapas salvan vidas

En los tiempos de Paré, muchas personas sangraban hasta morir después de una amputación. Los médicos no sabían cómo hacer para que las heridas dejaran de sangrar durante una cirugía. Paré resolvió ese problema con una herramienta, la grapa. Las grapas aún se usan en las cirugías. Mantienen apretadas las venas y las arterias hasta que los médicos puedan coserlas y cerrarlas. Las grapas evitan que muchos pacientes mueran durante una amputación.

Los científicos quieren fabricar miembros artificiales que hagan más cosas como las que hacen los brazos y las manos reales. Uno de los problemas es descubrir cómo lograr que se muevan.

Los miembros naturales del cuerpo se mueven con solo pensarlo. Unas células llamadas **neuronas** motoras envían señales desde el cerebro. Esas señales les dicen a los músculos qué hacer. Para hacer un pequeño movimiento con una mano se necesitan miles de neuronas. Para mover todo el brazo se necesitan millones de neuronas. Los ingenieros buscan la manera de controlar con la mente las prótesis **biónicas**, que funcionan con electricidad.

El primer paso para crear una prótesis biónica que responda a la mente es leer las señales del cerebro. El segundo paso es descubrir cómo hacer que el nuevo miembro pueda leer esas señales. Los ingenieros han desarrollado un método para leer algunas señales del cerebro. Pueden leer las neuronas motoras que están debajo de la piel en la zona cercana al miembro perdido. Pero ese método no permite leer muchas neuronas a la vez. Algunos investigadores están tratando de lograr que el cerebro de los pacientes lea las señales directamente desde la médula espinal. Esto le permite al cerebro leer más neuronas, pero es más peligroso.

Esta mano postiza es controlada por las neuronas de la muñeca.

Esta imagen muestra una de las primeras manos biónicas con funciones completas.

Algunas prótesis funcionan bien, pero no se ven como las partes naturales del cuerpo.

Esta ilustración muestra de qué manera las neuronas conectan los músculos con el cerebro.

En el cerebro humano hay aproximadamente 86,000 millones de neuronas.

Un joven maravilla

A veces, el aburrimiento puede llevar a grandes ideas. Easton LaChappelle estaba aburrido. Decidió construir un brazo robótico. En ese momento tenía solo 14 años. Como no tenía muchas herramientas, usó bloques de LEGO® e hilo de pescar.

LaChappelle vivía en un pequeño pueblo de Colorado y no conocía a ningún experto que pudiera ayudarlo. Encontró lo que necesitaba en internet. Un amigo tenía una **impresora 3D**. Ese tipo de impresora construye objetos de plástico. LaChappelle le pidió a su amigo que imprimiera mejores piezas para el brazo robótico. Llevó el brazo a la feria de ciencias estatal. En la feria de ciencias, conoció a una niña de 7 años que tenía un brazo postizo. El brazo costaba $80,000 y no podía moverse en muchas direcciones. LaChappelle decidió construir un brazo que la niña pudiera usar.

LaChappelle encontró una manera de crear brazos robóticos menos costosos. Pero aún había un problema. La mayoría de los brazos biónicos necesitan una cirugía para leer los nervios que están debajo de la piel o enviar señales a las neuronas de diferentes partes del cuerpo. LaChappelle tenía que encontrar una manera de construir un brazo biónico que no requiriera una cirugía riesgosa.

El presidente Barack Obama estrecha la mano del brazo robótico creado por LaChappelle.

oreja impresa en 3D

hueso impreso en 3D

Los investigadores han impreso e implantado huesos, una oreja y estructuras musculares. Algún día, esperan poder imprimir un corazón humano.

Cuando LaChappelle tenía 16 años, compró un videojuego en una tienda. El juego traía auriculares que podían leer las ondas cerebrales. LaChappelle quería usar el juego para mover su mano artificial. Entonces, desarmó el juego y reescribió el software.

No todas las ideas de LaChappelle funcionaron. Cometió muchos errores. Pero aprendió de esos errores. Consiguió su propia impresora 3D para poder crear las piezas rápidamente. Si una pieza no funcionaba, LaChappelle cambiaba el diseño e imprimía una nueva. LaChappelle siguió mejorando el diseño. Después de muchos intentos, finalmente construyó una mano que podía controlarse con las ondas cerebrales. No se necesitaba una cirugía para que la mano artificial funcionara.

LaChappelle construyó su mano biónica con menos de $500. Quería que otras personas pudieran construir sus propias manos biónicas. Por eso, publicó las instrucciones en internet. Cualquiera puede descargarlas gratis. LaChappelle ahora dirige una empresa que diseña prótesis personalizadas, y sigue publicando muchos de sus trabajos en internet de forma gratuita.

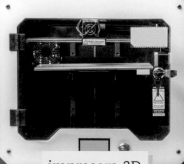

LaChappelle habla en un evento en 2017.

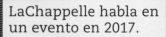

impresora 3D

ARTE

Máquinas que parecen humanas

Las partes del cuerpo hechas con impresoras 3D pueden tener un aspecto tosco. Para que el brazo pareciera más natural, LaChappelle calentó un producto químico llamado acetona a 110° Celsius (230° Fahrenheit). A esa temperatura, la acetona se convirtió en **vapor**. LaChappelle dejó que el vapor se enfriara sobre el brazo. La superficie del brazo se volvió más lisa. Después, fue más fácil colocar una piel de **silicona** sobre el brazo para que se pareciera más a un brazo humano.

13

No camines, corre

Durante siglos, las piernas artificiales se hicieron con madera. Luego, los científicos empezaron a hacerlas con materiales más livianos. Pero los pacientes seguían quejándose porque las piernas eran muy rígidas. Eso causaba presión en la espalda, y era difícil caminar así. Las piernas artificiales no se movían como las piernas humanas. En la actualidad, los científicos están creando piernas biónicas que les permiten a los pacientes caminar mejor.

Hugh Herr es alpinista. Cuando tenía 17 años, se le congelaron las piernas al tratar de escalar una montaña. Tuvieron que amputarle las dos piernas. Pero eso no lo limitó por mucho tiempo. Muy pronto, Herr estaba escalando otra vez con unas piernas que él mismo había diseñado. De hecho, esas piernas lo ayudaron a escalar mejor, porque usaba pies de goma. Después de eso, Herr estudió ingeniería y la física de los movimientos del cuerpo.

Mientras aprendía, Herr probaba nuevas ideas. Luego de construir un dispositivo, trataba de mejorarlo. Inventó nuevas articulaciones y tobillos artificiales. Aprendió intentándolo una y otra vez.

Hugh Herr

Un atleta corre con una prótesis que tiene la forma de una pata de gato.

INGENIERÍA

Inspirarse en los animales

Algunas prótesis no se parecen en nada al cuerpo humano. En esos casos, los ingenieros observan la naturaleza para encontrar un diseño que sea incluso mejor. Hay un tipo de pierna postiza que no parece una pierna humana sino una pala curva. Esas piernas fueron diseñadas para funcionar como las patas traseras de los gatos. Permiten a los corredores impulsarse mejor que con otras prótesis.

Herr se dio cuenta de que el dispositivo por sí solo no era suficiente. Necesitaba resolver el problema de la potencia. ¿Cómo podía reemplazar la fuerza que transmiten los músculos?

Se concentró en el tobillo. Si lograba inventar un tobillo artificial que sostuviera una pierna, podría ayudar a las personas a caminar. Creó un tobillo que tenía un resorte y una batería. Al apoyar el pie en el suelo, el resorte se encogía. Al levantar el pie, el resorte empujaba la pierna hacia arriba. Eso ayudaba a las personas a avanzar con cada paso. La robótica había reemplazado el trabajo que hacen los huesos. Herr llamó a su invento el tobillo BiOM®.

Caminar fue el primer paso, pero las personas quieren hacer otras cosas, como bailar, llevar cosas pesadas y subir colinas empinadas. Herr creó un software para que el BiOM pudiera adaptarse a las diferentes maneras en que las personas mueven los pies y las piernas. Gracias a su trabajo, Herr puede hacer excursiones con su familia, y muchas personas pueden volver a caminar y a correr.

Hugh Herr muestra cómo funciona el BiOM.

el tobillo de Herr

MATEMÁTICAS

Cada milímetro cuenta

Antes era difícil obtener medidas exactas para construir prótesis que encajaran bien. Hoy en día, los escáneres computarizados pueden medir rápidamente los miembros casi hasta el último milímetro. Con esas medidas se crea un modelo matemático. Ese modelo muestra los puntos de presión que pueden causar dolor. También calcula cómo repararlos. El modelo se envía a una impresora 3D. La impresora crea una prótesis más cómoda.

Una médica escanea un miembro amputado.

Filtrar sonidos

Muchas personas no oyen bien y necesitan usar audífonos. Pero en realidad, menos del 25 % de las personas que tienen problemas de audición usan audífonos. Eso se debe a que la mayoría de los audífonos no funcionan del todo bien. El cerebro filtra los sonidos que no son útiles. Eso permite oír los sonidos que son importantes, como las voces. Pero los audífonos no filtran los sonidos, sino que los **amplifican** todos. A veces, los ruidos del ambiente son más altos que las voces.

DeLiang Wang es profesor de computación e ingeniería. Cuando él estaba en la universidad, su mamá comenzó a perder la audición. Wang decidió solucionar el problema de los ruidos del ambiente. Los científicos habían trabajado en eso antes. Pero sus dispositivos filtraban demasiado los sonidos. Los pacientes seguían sin poder oír bien las voces.

Wang creó un filtro que separa las voces de otros sonidos. Su programa de computadora puede distinguir si una voz es más alta o más baja que el ruido del ambiente. Wang llama a eso **clasificación**. La clasificación ayuda al programa a aprender patrones. Es similar a la forma en que los niños aprenden a reconocer la diferencia entre el habla y el ruido.

Wang (en el centro) posa con sus compañeros de trabajo.

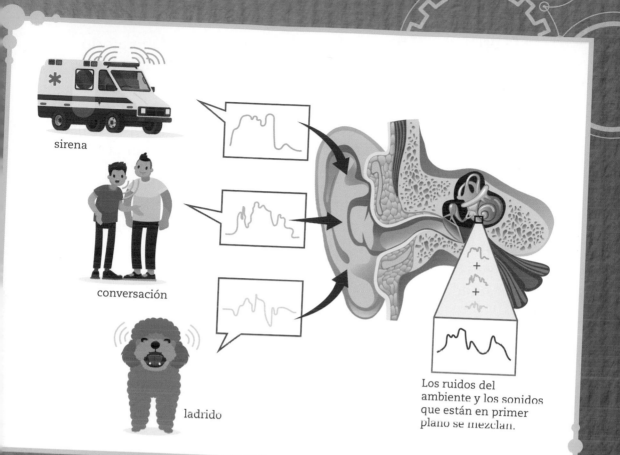

sirena

conversación

ladrido

Los ruidos del ambiente y los sonidos que están en primer plano se mezclan.

CIENCIAS

Las ondas de la audición

El sonido se mueve a través del aire en forma de ondas. Cada onda tiene una frecuencia. La frecuencia es la cantidad de ondas que pasan por un punto fijo en un tiempo determinado. Imagina que dibujas una línea ondulada en un papel. Si dibujas encima de la línea con un lápiz de otro color, será difícil distinguir los dos colores. Si oímos dos sonidos que tienen la misma frecuencia, solo podremos oír el más fuerte. Identificar esas frecuencias es el primer paso para separarlas y poder clasificar los sonidos.

Al principio, el filtro de Wang funcionaba en su laboratorio pero no en el mundo real. El mundo real está lleno de sonidos diferentes. Wang mejoró el programa agregando varios niveles. Los resultados fueron buenos. Las personas con pérdida de audición que usaron el filtro pudieron oír mucho mejor. Incluso quienes tenían una audición normal pudieron oír mejor con el filtro. Pero aún había sonidos que se mezclaban.

Wang decidió que la máquina necesitaba aprender más sonidos. Está buscando más sonidos para agregar al programa. Su equipo de trabajo usa 10,000 efectos de sonido de películas para ayudar al programa a aprender. Wang seguirá buscando más y más sonidos para ajustar el programa.

Cuando el programa esté listo, Wang quiere usarlo en auriculares o en teléfonos inteligentes. Eso podría ayudar a millones de personas a oír mejor. Podría ayudar a las personas que trabajan en fábricas con ruidos altos o en tareas militares. ¡Tal vez algún día haya un dispositivo que nos ayude a oír mejor de lo que siempre hemos oído!

Una niña usa un audífono.

Los audífonos tienen diferentes tamaños y formas para adaptarse a todos los tipos de orejas.

Este dispositivo mide los niveles de sonido.

El tímpano puede dañarse si un sonido pasa los 165 **decibelios**. Es casi el nivel de sonido que hace un transbordador espacial al despegar.

Recuperar la visión

Los ojos son extraordinarios. Envían señales eléctricas al cerebro, que las convierte en imágenes. Por eso la visión es difícil de reproducir. El primer paso para copiar la visión es grabar una imagen. El segundo (y el más difícil) es enviar esa imagen al cerebro. Los científicos están trabajando en ese paso.

Una solución para las personas que han perdido la visión es el Argus II. Es un dispositivo que graba imágenes y las envía al cerebro. Incluye un par de gafas que tienen una cámara de video. Un **microchip** que se coloca en la parte de atrás del ojo convierte las imágenes en señales eléctricas. El microchip tiene 60 cables. Esos cables se llaman electrodos. Envían señales a una parte del cerebro que las transmite al **nervio óptico**. Ese nervio conecta los ojos con el cerebro. Luego, el cerebro convierte las señales eléctricas en patrones de luz para que la persona pueda ver.

La cirugía para colocar el chip dura tres horas. Los pacientes pueden empezar a usar las gafas tres semanas después. El Argus II ya ha ayudado a cientos de personas. Pero las personas podrían ver más si el microchip tuviera más electrodos.

gafas del Argus II

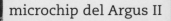

microchip del Argus II

Esta imagen muestra el mundo visto con visión normal (izquierda) y con las gafas Argus II (derecha).

Un hombre prueba su visión después de recibir el implante Argus II.

El cerebro puede identificar una imagen vista por el ojo en aproximadamente 13 milisegundos.

23

¿Cómo se pueden agregar más electrodos al microchip? Los científicos trabajan desde hace años para resolver ese problema. Ahora están construyendo un implante especial con diamantes. Se talla un diamante para darle forma de caja. El microchip se coloca adentro y los electrodos de diamante se colocan encima. Esos electrodos no necesitan cables. Sin cables, hay lugar para muchos más electrodos. Los científicos están tratando de colocar más de mil electrodos en un solo chip. Eso mejoraría mucho la visión.

Algunas enfermedades dejan una parte del ojo sana, y en ese caso no se necesita un microchip. Esas personas pueden ver lo que está de costado pero no lo que está frente a sus ojos. Los científicos están explorando maneras de usar las partes sanas de los ojos dañados.

Una de las soluciones que prueban los científicos es colocar telescopios muy pequeños en los ojos dañados. Esos telescopios tienen el tamaño de un guisante. Envían imágenes a la parte sana del ojo. El paciente aprende a usar el dispositivo para mirar hacia delante. El ojo real se usa para ver hacia los costados. Más de 600 personas se han hecho esta cirugía.

simulación de la visión dañada

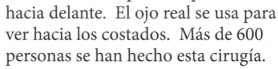

telescopio en miniatura implantable (TMI)

Esta ilustración muestra cómo se coloca el TMI en el ojo.

Los científicos trabajan en implantes cerebrales que no utilicen el nervio óptico para mejorar la visión.

Poderes de superhéroes

¿Qué tienen en común un barbero, un adolescente, un escalador y un profesor? La mayoría de las personas diría que nada. Pero Paré, LaChappelle, Herr y Wang comparten una pasión. Diseñan y construyen dispositivos. Ayudan a quienes han perdido la capacidad de usar alguna parte del cuerpo.

Esas cuatro personas encuentran soluciones a los problemas. En el proceso, mejoran sus diseños. Pasan años ajustando sus dispositivos una y otra vez.

El deseo de mejorar las cosas marca una gran diferencia. Mira qué lejos han llegado los dispositivos de prótesis para ojos. Todo comenzó con una pequeña pelota de brea que se usaba en lugar del ojo. Ahora, los diamantes y los telescopios en miniatura ayudan a las personas a recuperar la visión.

¿Qué vendrá luego? Los investigadores ya están tratando de ir más allá de lo que puede hacer el ser humano común.

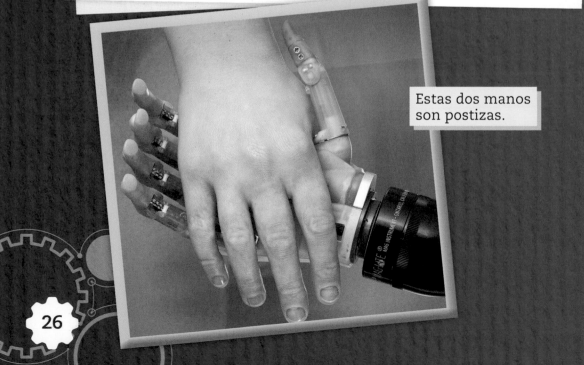

Estas dos manos son postizas.

En Italia, los ingenieros trabajan en un traje que permite a una persona levantar 50 kilogramos (110 libras) con cada brazo.

DESAFÍO DE CTIAM

Define el problema

Las prótesis no solo pueden parecerse a la parte del cuerpo que reemplazan, sino que deben funcionar igual. Tu tarea es crear un dispositivo que pueda levantar y bajar diferentes objetos como lo haría una mano de verdad.

Limitaciones: Tu dispositivo debe manejarse con el pulgar y el índice solamente. Debe estar construido con los objetos que encuentres dentro del salón de clases.

Criterios: Tu dispositivo debe ser capaz de levantar los siguientes objetos de una cubeta: un cubo numérico, una goma de borrar y una moneda. Debe transportar cada objeto al otro lado del salón y colocarlo en una cubeta vacía sin que se caiga.

1 Investiga y piensa ideas

Observa todas las maneras en que tu mano levanta objetos. ¿Cómo puedes imitar esos movimientos con tu dispositivo? ¿Qué materiales usarás para controlar tu mano mecánica?

2 Diseña y construye

Dibuja un plano de tu dispositivo. Asegúrate de incluir los materiales que usarás en cada parte. Construye el dispositivo.

3 Prueba y mejora

Usa tu dispositivo para levantar un objeto de una cubeta y llevarlo al otro lado del salón. Coloca el objeto en una cubeta vacía en el otro extremo del salón. Repite lo mismo con cada objeto de la cubeta. Si un objeto se cae, déjalo donde cayó. ¿Funcionó bien tu dispositivo? Modifica el diseño y vuelve a intentarlo.

4 Reflexiona y comparte

¿Cómo puedes hacer para que el dispositivo parezca más real? ¿El dispositivo puede modificarse para que se mueva por sí solo? ¿Qué cambios tendrías que hacer?

Glosario

amplifican: aumentan la fuerza o el volumen

amputar: cortar y sacar una parte del cuerpo

biónicas: prótesis que funcionan con electricidad

clasificación: el proceso de agrupar cosas que tienen características parecidas

decibelios: unidades que se utilizan para medir la intensidad del sonido

impresora 3D: una máquina que imprime objetos tridimensionales

microchip: un grupo de circuitos electrónicos que funcionan juntos en un espacio muy pequeño

nervio óptico: el nervio que conecta la parte de atrás del ojo con el cerebro

neuronas: células que transmiten señales desde el cerebro hasta el resto del cuerpo y viceversa

ortopedia: el arte de corregir limitaciones del cuerpo humano con aparatos o ejercicios

postizo: describe a un dispositivo artificial que reemplaza a una parte del cuerpo

prótesis: dispositivos artificiales que reemplazan partes del cuerpo humano

silicona: un material resistente al agua y al calor

vapor: una sustancia que se encuentra en estado gaseoso o que está formada por gotitas muy pequeñas mezcladas con el aire

Índice

Argus II, 22–23

audífonos, 18, 20–21

BiOM, 16

grapas, 7

Herr, Hugh, 14, 16, 26

impresora 3D, 10–13, 17

Italia, 27

LaChappelle, Easton, 10, 12–13, 26

Le Petit Lorrain, 6

momia, 5

neuronas, 8–10

Obama, Barack, 10

Paré, Ambroise, 6–7, 26

telescopio en miniatura implantable (TMI), 24–25

Wang, DeLiang, 18, 20, 26

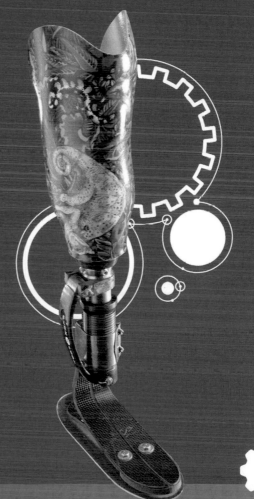

CONSEJOS PROFESIONALES
del Smithsonian

¿Quieres diseñar prótesis?
Estos son algunos consejos para empezar.

"Crea algunos dispositivos sencillos para usar en casa, como un brazo extensible. Escoge los materiales que sirvan mejor en diferentes situaciones. Luego, aplica lo que aprendiste para hacer otros dispositivos". —*Alexandra Lord, directora y curadora, División de Medicina y Ciencia*

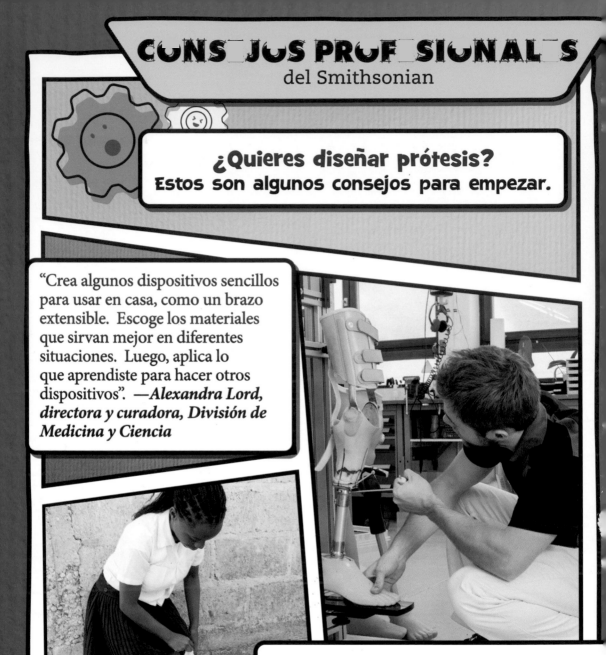

"Creo que mi trabajo es comprender la historia del cuerpo humano y lo que hace que los cuerpos sean diferentes. Eso incluye temas como la discapacidad, la raza y las enfermedades. Todas esas cosas nos hacen ser personas únicas. Hay muchas cosas que puedes estudiar para aprender sobre el cuerpo. ¡Puedes estudiar biología, anatomía humana y también tecnología!".
—*Dra. Katherine Ott, curadora de museo*

32